Blick zurück... 2016

Jeden Monat des Jahres konnten die Mitglieder des intern. Literatur und Künstlerforums Garten der Poesie, die eingereichten Werke öffentlich bewerten. Die höchst bewerteten Beiträge wurden in diesem Jahrbuch zusammengefasst.
Ich danke allen Beteiligten für ihren Einsatz im Interesse einer stetig wachsenden Forum Gemeinschaft.

Januar 2017   Bernd Rosarius
                                      (Administrator)

Garten der Poesie

Blick zurück... 2016

Lyrische Blüten verwelken nie!

Bibliografische Information der Deutschen Nationalbibliothek:
Die Deutsche Nationalbibliothek verzeichnet diese Publikation
in der Deutschen Nationalbibliografie; detaillierte bibliografi-
sche Daten sind im Internet über http://dnb.dnb.de abrufbar.

© 2017 Garten der Poesie **(Herausgeber: Bernd Rosarius)**

Bilder/Fotos/Texte: Garten der Poesie **(Namen der Autoren,
auf der Cover-Rückseite)**
Covergestaltung: **Sabine Brauer**

Herstellung und Verlag: BoD – Books on Demand, Nor-
derstedt

ISBN: 978-3-7431-9582-0

Inhalt:

Inhalt:

Inhalt:

<u>Januar:</u>

Jahresbeginn - Erwartungen, Hoffnungen

Mensch sein

Ja ich will hoffen
hoffen
dass ich ein Mensch bleib unter Menschen
mich Mitleid noch zu Tränen rührt
ich Mut zur Wahrheit finde
auch wenn ich nicht weiß
wohin mein Weg mich führt.

Ja ich will hoffen
hoffen
das mein Herz nie vergisst zu schlagen
für Freiheit und Gerechtigkeit
dass ich heute und an allen Tagen
den Hass besiege
und Frieden herrscht für alle Zeit.

Ja ich will hoffen
hoffen
auf ein neues Jahr voll Güte
das Zuversicht in eure Herzen zieht
das Einer ist, der alles Leben stets behüte
die Liebe reicht, weit über Grenzen
und ich ein Mensch bleib unter Menschen.

© Heike Schmidt

Vorsatz für eine Nacht

Weihnachten ist nun vorbei,

wir löschen alle Kerzen.
Gedanklich sind wir noch dabei,
doch weniger mit Herzen.

Wir denken schon in Fröhlichkeit,
an die Silvesternacht,
An Jubel, Trubel, Heiterkeit,
wenn uns der Frohsinn lacht.

In dieser Leuchtraketennacht,
wo Alkohol in Strömen fließt,
werden Vorsätze gemacht,
die man in Sekt und Weinbrand gießt.

Ab morgen lass ich`s rauchen sein.
Ich trinke keinen Tropfen.
Ich trete keine Türen ein,
ich werde vorher klopfen.

Ich gehe auch nie wieder fremd,
ich führ ein anderes Leben.
Ich werde auch mein letztes Hemd
für eine Spende geben.

Am nächsten Tag hab ich`s vergessen,
was in der Nacht ich noch versprach.
Ich hab` geschlafen und gegessen,
nun denk ich auch nicht weiter nach.

© Bernd Rosarius

Das alte Jahr nimmt seinen Hut

Das alte Jahr nimmt seinen Hut.
und enger zieht es seinen Mantel.
Es fröstelt, fühlt sich gar nicht gut,
doch nun erwartet es den Wandel.

Am Anfang ward es froh begrüßt,
sogar mit Feuerwerk bedacht.
Das hat ihm seinen Start versüßt,
hat nicht ans Schicksal, da gedacht,

das füllt bis oben ihm die Taschen,
mit dem, woraus besteht das Leben.
Auch sollte es nicht überraschen:
es wird ihm nicht nur Schönes geben.

Es muss allein die Schuld nun tragen,
bei jedermann für den Verlauf
gar niemand dachte anzufragen,
ob es das gerne nimmt in Kauf.

Das Schicksal hat nur ausgeteilt,
ihm einfach alles aufgeladen.
Das Jahr ist nun davongeeilt.
Ein neues nimmt nun auf den Faden.

Das neue Jahr im Ursprung ist
genauso wie das Alte,
jungfräulich rein noch bis zur Frist,
wenn dann das Schicksal es verwaltet.

© Greta Hennen

Das Jahr ist um.

Das Jahr ist hin.

„ Hoch lebe nun das neue Jahr.“
Ein bisschen weh’ ist mir der Sinn,
denk’ ich zurück, an das was war,
„ War es ein gutes, altes Jahr ?“
Ein Stück von mir, ging wohl mit ihm.

Was bleibt ist die Erinnerung, -
Doch weiter geht’s mit neuem Schwung.
Hab’ mir nichts vorgenommen,
ich lass’ es einfach kommen.
Halte die Augen auf,
mache das Beste draus.

Das Jahr mag sich gestalten.
Nicht ist es aufzuhalten.
Es folgt doch Mond auf Mond.
Liegt nun an uns, ob es sich lohnt. -
Hat alles “seine Zeit.
Sei jederzeit bereit,

Das Jahr, es ist geduldig, -
Bleibt immer doch unschuldig.
Es trägt den Kummer, trägt die Last
wird manches Mal dafür gehasst:
sagt man am Ende gar?
„ Das war ein schlechtes Jahr “

Drum bürdet doch dem neuen Jahr,
nur auf, was "Freude für Euch war.
Sodass man sagen kann: Fürwahr,
das war ein "Gutes Jahr.

© Gisela Siepmann

Februar:

Schaltjahr

Februar

Der Kleine mit den kurzen Beinen,

braucht dieses Jahr mal nicht zu weinen.
Man hat ihm nämlich was geschenkt,
hat einen Tag ihm drangehängt.

Nun sitzt er da und grübelt rum:
"Was mach ich mit dem Unikum?",
beginnt es hin - und herzuwenden,
er möchte es ja nicht verschwenden.

"Am besten mach ich gleich ein Fest.
Doch was beginn ich mit dem Rest?
Soll ich mal ins Theater gehen?
Zum Zoo um Tiere anzusehen?

Vor lauter Spaß Gedichte schreiben?
Die werden, wenn ich gehen muss, bleiben.
Der Fasching wäre da ein Thema,
nur fehlt mir noch das rechte Schema.

Mein Kopf ist leer, mir fällt nichts ein.
Kann dichten denn so schwierig sein?"
Ach leider kann er keinen fragen,
doch möchte er heut nicht versagen."

Er grübelt und die Zeit vergeht,
sieht auf die Uhr, es ist schon spät.
Minuten jetzt bis Mitternacht,
nichts hat er aufs Papier gebracht.

Und schon ist dieser Tag vorbei,
er klagt: "Ach wären es doch zwei."
Doch in der Zeitung kann man lesen,
dass das ein Schaltjahr, ist gewesen.

© Barbara Kopf

Einen Tag mehr

Einen Tag mehr, zum lieben und lachen,

einen Tag mehr, um sich Sorgen zu machen,
einen Tag mehr, um Schönes zu sehen,
einen Tag mehr, um andren beizustehen.

Einen Tag mehr, um Danke zu sagen,
einen Tag mehr, um Leid zu beklagen.
einen Tag mehr, um nach vorne zu schauen,
einen Tag mehr, um ein Luftschloss zu bauen,

Einen Tag mehr, für ein Abenteuer,
einen Tag mehr, um zu löschen, manch Feuer,
einen Tag mehr, um sich zu besinnen,
einen Tag mehr, um Zeit zu gewinnen.

Einen Tag mehr, für den einen ein Segen,
einen Tag mehr, bringt für andere Regen,
einen Tag mehr, alle vier Jahr,
das gibt es nur im Februar.

© Sabine Müller

Samstagskind

Wäre ich doch...

ach, hätte ich noch ein Weilchen stillgehalten.

Leider war ich,
ach, wie dumm, von der schnellen Sorte.

Hätte ich doch
ein bisschen gewartet, wäre nicht gleich gestartet...

...wäre ich ein
Sonntagskind, im März geboren.

1936 war
am Samstag der 29. Februar. Heute bin 80 Jahr´.

Geburtstag
hatte ich nur 20-mal, als Kind für mich war´s eine
Qual.

Hätte ich die Wahl,
geschehe das nicht zum zweiten Mal.

© Sabine Brauer

<u>März</u>

Frühlingssehnsucht

Sehnsucht nach Frühling

© Greta Hennen

Der Frühling

Kühler Wind im Sonnenglanz,

süße Wonne, klare Luft,
Ein Hauch durchdringt den Knospenkranz,
verheißungsvoller Frühlingsduft.

Einst gestorben, neu geboren,
klingt ganz nah der Vogelruf.
Erneut hat Gott euch auserkoren,
womit er große Freude schuf.

Die Menschenseelen aber lauschen,
auf das Erwachen neuer Zeit.
Die Bäume biegen sich und rauschen,
in ihrem bunten Frühlingskleid.

Glücklich klingt das Vogellied,
in den Bäumen und am Hang,
und wie froh ist, wenn man sieht,
Wie sie sich tummeln im Gesang.

Hurtig springt von Ast zu Ast,
Amsel. Drossel und der Star.
Schweigend halten wir hier Rast,
denn dieses Bild ist wunderbar.

Vergiss-mein-nicht und Flieder,
zeigen ihre Pracht,
sie kehren immer wieder,
solang' die Sonne lacht.

Aus seinem Nest ruft mich ein Spatz,
als wollt' er stören meinen Traum.
Lächelnd suche ich den Platz,
in einem kleinen Wiesensaum.

Ich spüre dieses feuchte Gras,
noch ist die Sonne nicht so stark,
um zu tilgen dieses Nass,
in der des Winters Schleier lag.

Gleich einem Vogel möchte ich fliegen,
so wie ein kleiner Sperling.
Möchte mich in Ästen wiegen,
und grüßen meinen Frühling.

Bernd Rosarius 1965

Herzenswunsch

Lang war er, dieser Winter,

von Eis und Schnee geprägt.
Ich hab in meinem Herzen
so manchen Wunsch gehegt.

Doch nun ist es mir einerlei.
Ich wünsch mir nur, er wär vorbei.
Ich will die Sonne sehn,
laue Winde sollen wehn.

Sie sind schon da, die ersten weißen
Frühlingsboten,
doch ich hab Sehnsucht nach den
gelben, blauen, roten.
So ein ganzes Blumenmeer,
ja, das wünsch ich mir so sehr.

Frühling soll es werden,
hier bei uns auf Erden.

© Ingrid Hartung

<u>April</u>

Hol 'dir den Frühling aus
dem Schrank

Jetzt kommt der Frühling in den Schrank

Jetzt kommt der Frühling in den Schrank
Das Warten machte sie schon krank
Es war fast wie ein Fieber.

Und endlich ist es jetzt soweit
Es ist nun wieder Frühlings-Zeit,
die mag sie so viel lieber.

Der Winter ist nun abgeschrieben.
Nicht richtig konnte sie ihn lieben.
Der Frühling macht sie munter.

Fast alles hätte sie getrieben,
wär er für immer hiergeblieben.
Er macht ihr Leben bunter.

Da, eines Tages fand ihr Mann
die Lösung doch noch irgendwann
für Frühlingslust und Winter.

Ernst Frühling wohnt gleich nebenan.
Auch Dieter Winter ist ein Mann.
Er lebt im Haus dahinter.

© Greta Hennen – 2016

Frühjahrs-Resümee

Hosen, Röcke, schicke Schuhe,
T-Shirts, siebzehn an der Zahl.
Wenn die Teile nicht mehr passen,
wird das Anziehen zur Qual.

Denn die bunten schönen Sachen,
die ich hole aus dem Schrank,
waren eine Augenweide,
als ich jünger war und schlank.

Frühling, Frühling, du musst warten,
bis ich war im Warenhaus.
Dort such ich mir schöne Kleider
eine Nummer größer aus.

© Sabine Brauer

Frühlingsidylle

Der Frühling schaut herein durchs Fenster.

Doch mir wird angst, ich seh Gespenster.
Die Blüten und die Knospen sprießen,
doch ich kann es noch nicht genießen.

Und auch, wenn die Magnolien blühn.
Die Wiesen werden wieder grün.
Doch ich bin traurig und muss weinen.
Wann wird die Sonne wieder scheinen?

Der Frühling bunte Blumen schickt,
die Sommerzeit nun wieder tickt.
Ich hoff auf einen Sonnenstrahl.
Ich glaub, ich hab die Wahl.

Den Frühling jetzt zu sehn,
dann sollt' s mir besser gehn.
Ich hol den Frühling aus dem Schrank,
doch ich bin fertig, ich bin blank.

© Ingrid Hartung

April

Sonnenstrahl und Regenschauer,

weiße Flöckchen hin und wieder,
dem April ist nicht zu trauen,
blüht auch manchmal schon der Flieder.

Böig bläst er, säuselt leise,
macht mitunter große Pfützen,
zeigt sich warm auf Sommerweise,
und verhagelt draußen sitzen.

Seine Launen lässt er sprießen,
wie das Grün auf Busch und Bäumen.
Manchmal schenkt er auch Genießen,
und das frühlingsfrohe Träumen.

Ob wir seine irren Dinge,
gerne haben oder nicht,
er beschert uns Schmetterlinge,
Blüten und auch wieder Licht.

Darum sei er uns willkommen,
ganz egal, was er so treibt.
Hat er Anlauf erst genommen,
wissen wir, der Frühling bleibt.

© Barbara Kopf

Frühling zieht ins Land

Wunderschön ist doch der Frühling,

und ganz besonders dieses Jahr,
im Garten tanzt ein Schmetterling,
der Himmel zeigt sich hell und klar.

Ich liebe diese Jahreszeit,
in der das Leben neu beginnt,
das zarte Grün macht sich jetzt breit,
man spürt den lauen Frühlingswind.

Beim Wandern durch den grünen Wald,
mit dem Spazierstock in der Hand,
macht man an Ruheplätzen Halt,
denkt laut: „Der Frühling zieht ins Land".

© Horst Rehmann

Mai

Der Mai ist gekommen

Der Mai ist gekommen

April hat sich nun dünngemacht.

Er schickt in der Walpurgisnacht
vom Blocksberg her und fast wie neu
uns Hokuspokus den Herrn Mai.

Jedoch nicht den von Winnetou.
Ach nein, das wäre ja gelacht
Der schaut ihm wohl von oben zu
ob er auch alles richtigmacht

Das finden wir ganz fabelhaft
und denken doch, dass er es schafft
Die Hexe kocht ihm einen Sud
mit Kräutern auf der Ofenglut

und zaubert dazu eins - zwei - drei
den Sonnenschein ganz schnell herbei
und auch den Amor mit dem Pfeil
Oh ja, das finden wir echt geil.

Und Amor unbekümmert dann
die Liebespärchen jagen kann,
Dann ist das Wetter nicht mehr trist,
weil ja der Mai gekommen ist.

© Greta Hennen

Maientanz

Sumseriche, Krabbeldinger

sind zum Maientanz bereit.
Frühlingssonne streckt die Finger
in die kalte Dunkelheit.

Federbällchen, Flatterlinge,
fliegen durch den Frühlingsgarten,
überall nur noch Gesinge,
bunt bekränzte Tänzer warten.

Brummen, säuseln, zwitschern, wehen,
Freude hier, soweit man schaut,
Frühlingsfeiertage gehen,
zart geschmückt, wie eine Braut.

Tönend Maiensinfonien,
im Naturballett entschweben.
Suchen Liebe, Harmonien,
um sie diesem Mai zu geben.

© Barbara Kopf

Ein Maientag
-Pantum-

Ein Maientag, so wie gemalt,
Herr Lenz will heut spazieren geh´n,
der Himmel blau, die Sonne strahlt,
alles grünt und blüht so schön.

Herr Lenz will heut spazieren geh´n,
froh schlendert er durch die Natur
alles grünt und blüht so schön,
traumhaft ist es in Wald und Flur.

Froh schlendert er durch die Natur
mit Veilchenduft und blauem Band
traumhaft ist es in Wald und Flur,
Herr Lenz zeigt sich heut sehr galant.

Mit Veilchenduft und blauem Band
der Himmel blau, die Sonne strahlt,
Herr Lenz zeigt sich heut sehr galant,
ein Maientag, so wie gemalt.

© Sabine Müller

Amors Lied

-Pantum-

Wenn jetzt die Katzen Kätzchen kriegen,

im schönem Wonnemonat Mai,
es wird wohl an der Liebe liegen,
das ist ganz sicher, zweifelsfrei.

Im schönem Wonnemonat Mai,
da liegt viel Liebe in der Luft,
das ist ganz sicher, zweifelsfrei,
das Bienchen liebt den Blütenduft.

Da liegt viel Liebe in der Luft,
hört nur wie´s im Herzen klingt,
das Bienchen liebt den Blütenduft,
so herrlich ist´s, wenn Amor singt.

Hört nur wie´s im Herzen klingt,
es wird wohl an der Liebe liegen,
so herrlich ist´s, wenn Amor singt,
wenn jetzt die Katzen Kätzchen kriegen.

© Sabine Müller

Maiglöckchen
Blume des wiederkehrenden Glücks

Maiglöckchen, Sehnsuchtslicht

Maiglöckchen vergiss mein nicht.
Bring mir meinen Schatz zurück,
der einmal war mein ganzes Glück.

Denn nach jenen alten Lehren
soll das Glück doch wiederkehren,
durch den Besitz der zarten Blume,
die wächst in meiner Bodenkrume

Läute ein den Maientanz.
Ich lege meine Hoffnung ganz
in Deine Zauberkraft im Mai.
Bitte mach mich froh und frei.

Locke ihn mit leichtem Klang.
Ich weiß genau, es braucht nicht lang.
Maiglöckchen, Sehnsuchtslicht
Maiglöckchen vergiss mein nicht.

© Greta Hennen

Sonnenklar

Auch ich hab's wohl vernommen,

der Mai ist angekommen.
Doch hat er nur gelacht,
und mich patschnass gemacht.

Die Blümlein nett mich grüßen
und jeden Tag versüßen.
Der Mai soll freundlich sein?
Ihm fehlt der Sonnenschein!

Die Chance wird er verpassen,
wenn's plätschert Wassermassen.
Denn schnell zieht er vorbei,
der Wonnemonat Mai.

Wenn Maientage weinen,
muss halt der Juni scheinen.
Vielleicht im nächsten Jahr
wird ihm das sonnenklar.

© SMart

38

König und Rittersmann

Es kam vor vielen Jahren irgendwann
hoch zu Ross ein junger Rittersmann
im Reiche eines stolzen Königs an.

Es war die jüngste Tochter Kunigunde,
deren Schönheit längst in aller Munde,
das Ross und Reiter hat herbei getrieben.
Ach, wie tat die schöne Maid er lieben.

War geladen doch zu Spiel und Tanz,
zu Firlefanz und Mummenschanz.
Und als des Siegers Unterpfand
galt der lieblich Königstochter Hand.

Doch der König sprach, bei meinen Leben,
niemals werd ich euch die Tochter geben.
Worauf der Junge Rittersmann empört
dem König blut`ge Rache schwört.

So nahm das Schicksal seinen Lauf.
Edelmann und Pöbel horchten auf.
Blies doch erzürnt, aus voller Kehle,
der Ritter das magische Horn von Tele.

Und die Melodie des Graues erklang,
schaurig und ebenso,
wie die Trompeten von Jericho.

(c) Hano

Muttertag

Schön ist es an den Maientagen

sich zu freuen an den Gaben,
die der Frühling jetzt entfaltet
und ein Blütenmeer gestaltet.

Das Schönste aber an den Tagen
ist für die Liebe Dank zu sagen,
die aus dem Mutterherzen quillt,
das Kindsbedürfnis rastlos stillt.

Ist auch das Kind bereits schon groß,
bleiben die Hände nicht im Schoß.
Es ist der Enkel, der genießt
was aus dem Omaherzen fließt.

Danke für die große Güte,
die wie des Frühlings reiche Blüte
Freude spendet Tag für Tag.
Danke heut' am Muttertag.

© Roland Rothfuß

Juni

Garten der Poesie

Garten der Poesie

Garten der Poesie

Ich suchte lange her und hin,

und war in manchem Forum drin,
doch nichts fühlte sich richtig an,
bis ich in diesen Garten kam.

Ich schaute übern Zaun umher,
erfreute mich am Blumenmeer,
dass sich hier in jeder Sparte,
mir so blühend offenbarte.

Ich wusste gleich, hier wollt ich bleiben,
und teilhaben an diesem Treiben,
ich klopfte an die Gartenpforte,
bat um Einlass
  für meine Worte.

Herzlich wurd ich aufgenommen,
hab sofort ein Beet bekommen,
ich fing sogleich zu pflanzen an,
was mir so in Gedanken kam.

Das ist jetzt fast 3 Jahre her,
und immer noch gilt mein Begehr,
im Garten hier, mit Gleichgesinnten,
so manchen schönen Strauß zu binden.

Lob gilt dem Gartenplaner Bernd
der sich ab und zu mal entfernt,
manch Ausstellung zu arrangieren,
den Garten hübsch zu präsentieren.

Und Gabi, die Gestalterin,
sie handelt stets in uns´rem Sinn,
ist bei Problemen immer schnell,
mit Gartenwerkzeugen zur Stell.

Mit allen Gartenfreunden hier,
schmücke ich kunstvoll ein Spalier,
denn bald feiern wir Jubiläum,
10 Jahre wird der Garten jung.

Die schönsten Blumen der Phantasie,
blühen in Anmut mit Wortmagie,
und wer sie sucht, der findet sie,
hier, im Garten der Poesie.

© Sabine Müller

Mein Weg in den Garten

Als mich meine ersten Schritte

einst lenkten in der Dichter Mitte
Das ist noch nicht so lange her
und ich tat mich anfangs schwer

Auf der Suche nach der Stätte
in der ich dann Gesellschaft hätte
von Menschen die mir gleichgesinnt
dachte ich, dass ich sie find'

an einem dieser schönen Orte
wo sehr viel gelten schöne Worte
Ich ließ mich nieder dort im Grase
und labte mich in der Oase

Da sah ich sie auf einer Blüte
sie sprach mich an in ihrer Güte
Komm doch mit in diesen Garten
dort wo so nette Leute warten

Wir haben da so großen Spaß
Was meinst du, wäre das nicht was?
Und ich sprach,: Ja liebe Biene
flieg nur voran, mit froher Miene

Und sie zeigte mir den Garten
wo die bunten und die zarten
Blumen mir entgegen schauten,
dass wir den Augen fast nicht trauten

Ich hab mich staunend umgeseh'n
und immer noch ist es hier schön.
Nun möcht ich herzlich gratulieren
all jenen die den Garten zieren.

© Greta Hennen

Garten der Poesie

(c) Greta Hennen

Der Garten

In des Frühlings jungen Tagen

sah ich beim Spazierengehen
hier im Netz mit Wohlbehagen
staunend viele Blüten stehen.

Viele Gärtner pflegen hier
kreativ die Poesie,
zahlreich strahlt die Blütenzier
aus die schönste Harmonie.

Les' ich schön gereimte Zeilen
geht mein Herz in ihnen auf,
möcht' im Garten gern verweilen,
wünsche einen langen Lauf.

Großen Dank an die Gestalter
Bernd und Gabriella hier
für das stolze Gartenalter:
Die zehn Jahre feiern wir!

© Roland Rothfuß

Mutter Natur

Alleine durch den Wald laufen,

stundenlang und ganz ohne Ziel,
dem Rascheln der Blätter lauschen,
bewundern der Natur Farbenspiel.

Dem Alltagstrott mal entfliehen,
etwas Freiheit für wenige Stunden,
den Herbstwind auf der Haut spüren,
Herz und Seele dabei auch erkunden.

Mit meinen Gedanken, ganz alleine,
laufe ich so durch Wald und Flur,
dann komme ich mit mir ins Reine,
neu gestärkt durch Mutter Natur.

© Susan Melville

Juli

Lachen, Leben, Lieben

Dreimal L

Lachen, Leben, Lieben,

dreimal L geht mir zu schnell.
Und wo ist die Traurigkeit geblieben.
Nicht immer ist es hell.

Auf das Leben folgt der Tod,
der doch einmal jedem droht.
Und wenn wir uns auch noch so lieben,
irgendwann werden wir aus dem Paradies vertrieben.

Ich weiß, ich bin ein Pessimist,
ich weiß, dass Lachen, Leben, Lieben besser ist.
Und doch fällt es mir schwer,
das Lachen und das Leben,
nicht jeder Weg ist eben.

Nur beim Lieben
bin ich mir treu geblieben.
Lieben, Leben, Lachen
sollten uns glücklich machen.

© Ingrid Hartung

Die Liebe ist's, die falsch nie spricht

Ach, mon Amour, ich liebe dir,
ganz heiß und inniglich.

Ach, Liebchen das ist wunderbar,
doch heißt es statt dir, dich.

Ach, mon Amour, welch schöne Rosen,
das freut mir fürchterlich.

Ach, Liebchen, du bist schöner noch,
doch heißt es statt mir, mich.

Ach, mon Amour nun sei nicht so
klein und so kariert,
küß mir auf meinen Erdbeermund,
sonst wirst du abserviert.

Ach, Liebchen, das tue ich sehr gern,
küß lang und leidenschaftlich dich,
bist du doch mein Augenstern,
doch heißt es trotzdem statt mir, mich.

Ach mon Amour, jetzt reicht es mich,
das wird mich hier zu bunt,
Deshalb sag ich Adieu zu dich,
du bist ein sturer Hund.

Ach Liebchen mein, ach bitte nein,
verlasse mich doch nicht,
du hast ja recht, und sicherlich,
was zählt, das sind nur du und ich.

Ach, mon Amour, es ist passiert,
letztendlich hast du es kapiert,
die Liebe ist´s, die falsch nie spricht,
so bleib ich glücklich hier bei dich.

© Sabine Müller

Wenn alle Tage jubilieren

Wenn Herzen im Gleichklang schlagen,

und alle Wolken rosa tragen,
wenn alle Lieder heiter klingen,
und die Schmetterlinge swingen,
wenn Albernheit am kichern ist,
und Fröhlichkeit die Seele küsst,
dann ist die ganze Welt fantastisch
sogar ein Regentag bombastisch,
superb schmeckt selbst versalz´ne Suppe,
schwarz und grau sind total schnuppe,
ich mal sie einfach knallbunt an,
weil ich das heute super kann.

Wenn alle Tage jubilieren,
und Sorgen sich im Nichts verlieren,
wenn Sterne tanzen in der Nacht,
dann ist die Liebe an der Macht.

© Sabine Müller

Sommerselig

Lasst uns sommerselig sein,

miteinander herzhaft lachen,
uns der Lebenslust erfreu'n
leichten Sinnes Unfug machen.

Schaut nach lustigen Gesellen,
nicht nach jenen, die sich grämen,
die in Trübsals großen Wellen,
sich nicht ihrer Launen schämen.

Seht, wie Kinder, fröhlich singen,
singt mit ihnen, tanzt und lacht.
Nehmt, was Euch die Tage bringen,
und die Liebe bei der Nacht.

Alles, was der Sommer gibt,
wird in Euch zum hellen Schein.
Lacht und singt und tanzt und liebt,
dann wird Sommer in Euch sein.

© Barbara Kopf

August

Von Mythen und Märchen

Wenn Sternenstaub zur Erde fällt
- Elfchen –

Wenn

Sternenstaub zur
Erde fällt, dann
erwacht die Mythenwelt. Im
Mondenglanz
beginnt
der Tanz
der Elfen und
Feen, so zauberhaft und
wunderschön.

Es
flüstern und
raunen, Dyraden und
Faunen. Im Silber der
Nacht

das
Einhorn erwacht.
Dort am Waldesrand,
lauscht es gebannt, der
Melodie

dieser
Sinfonie, die
so lieblich klingt,
wenn der Elfenprinz sehnsuchtsvoll
singt.

Wenn
Sternenstaub zur
Erde fällt, dann
erwacht die Mythenwelt, im
Mondenglanz.

© Sabine Müller

Waldgeister

In finsterer Nacht, da heulen

im Zauberwald die Eulen,
es krächzen schwarze Raben
durch dichte Nebelschwaden.

Der Mond bläst die Laterne aus,
der Wald lässt seine Geister raus,
tief aus dem Inneren der Erde,
da trampelt eine garstig´ Herde.

In Scharen strömen sie heraus,
mit viel Getöse und Gebraus,
und ihr Gegröle schaurig hallt,
grausig durch den finsteren Wald.

Klein, verhutzelt, stark behaart,
mit bösem Blick und wirrem Bart,
wollen sie Furcht und Angst verbreiten,
mit Wolfszähnen wild um sich beißen.

Doch die Dyraden halten Wacht,
auf böse Geister in der Nacht,
vertreiben sie mit Harfenklang
und ihrem lieblichen Gesang.

Und auch das Feenvolk ist bereit,
zu vertreiben, jeder Zeit,
solche schlimmen Geisterwesen,
verhauen sie mit Zauberbesen.

Da sieht man diese mit Entsetzen,
schnell wieder zu den Löchern wetzen,
aus denen sie gekommen sind,
verschwinden sie darin, geschwind.

Frau Luna schickt ihr Silberlicht,
sogleich lichtet der Nebel sich,
der Frieden zieht nun wieder ein,
in den schönen Zauberhain.

Die Waldbewohner freuen sich alle,
auch das kleine Eichhorn Kalle,
und so feiern alle jetzt,
fröhlich, ein großes Siegesfest.

© Sabine Müller

Es war einmal...

Ich möcht Schneewittchen tanzen seh´n,

mit Rotkäppchen den Wolf besiegen,
ich möchte zu den Zwergen geh´n,
und Hexen in den Ofen schieben.

Wär gern ein Bremer Musikante,
mit Esel, Katze, Hahn und Hund,
zög ich fröhlich durch die Lande,
ein lustig Liedlein stets im Mund.

Ich würd das Apfelbäumchen rütteln,
so fleißig wie die Goldmarie,
tät ich Frau Holles Betten schütteln,
die Federn flögen wie noch nie.

Dornröschen vor der Fee beschützen,
dem Froschkönig die Kugel reichen,
in Siebenmeilenstiefeln flitzen,
den Geißlein übers Fellchen streichen.

Würd gern Rapunzels Haare kämmen,
das tapf´re Schneiderlein begleiten,
vom Tischlein deck dich tät ich schlemmen,
mit Hans im Glück nach Hause reiten.

Findest du es auch so schön,
im Märchenland spazier´n zu gehn?
Komm, ich nehm dich bei der Hand
und zeige dir den Weg dorthin.

Schließ deine Augen, lausche still,
dem, was ich dir erzählen will:
"Es war einmal..."

© Sabine Müller

<u>September</u>

Wenn der Herbst beginnt

Herbstmorgen

Morgennebel lichten sich,

auf der Weide Pferde
räkeln sich im fahlen Licht,
weil es Tag nun werde.

Still betrachtend stehe ich
dankend für das Bild,
dass mich innerlich erfreut
und mein Herz erfüllt.

© Sabine Brauer

Herbstrauschen

Der Herbstwind schickt ein leises Rauschen

Getreidefelder liegen brach.
Die Blätter fallen und wir lauschen
nun immer noch dem Sommer nach.

Ein Rascheln unterm Fuß zu spüren
dort auf dem Weg zum Pilze suchen
und Kinder sieht man Drachen führen
Ein grünes Ahnen unter Buchen

Und feuchte Nebel fallen nieder
Der Frühling lässt nun auf sich warten
Die Kälte zieht mir in die Glieder
Hab' Sehnsucht nach dem bunten Garten.

Will am Kamin mit Kerzenschimmer,
nur leisen Melodien lauschen
und sitze gerne nun im Zimmer
Ich will auf keinen Fall mehr tauschen

Wenn jetzt der Sommer auch entflieht,
er wird ja nicht für immer geh'n,
sing ich zum Abschied ihm ein Lied.
und winke ihm,- Auf Wiederseh'n!

© Greta Hennen

Herbstzeit,

Wenn die Blätter tanzen im Wind,

dann fühle ich mich wieder als Kind.
Fällt das bunte Laub von den Bäumen,
fange ich an zu träumen.

Der Herbst ist eine schöne Jahreszeit,
er hält so vieles für uns bereit.
Es ist die Farbenpracht,
die einen Zauber in mir entfacht.

© Anneliese Leding

Herbstzeit

Wenn der Sommer geht zu Ende,

der letzte Grill ist abgebrannt,
dann kommt mit frischem Wind behände
die Herbstzeit über unser Land.

Die Flora aber bäumt sich auf,
sie wehrt sich gegen trübes Grau,
und trotzet diesem Jahreslauf
mit einer bunten Farbenschau.

Eingefahren sind die Gaben,
die gnädig schenkte die Natur,
das Erntedankfest wir jetzt haben,
mit Staunen seh'n des Schöpfers Spur.

Nun ist die Zeit der Vorbereitung
auf die kalte Jahreszeit,
und mit Buch und Tageszeitung
bin auch ich dazu bereit.

© Roland Rothfuß

Oktober

Goldener Oktober

Goldener Herbst

Blätter bekommen ihre Hochkonjunktur

Herbst verkleidet, Anmut fürs Auge pur
Nadelbäume sie bleiben gediegen schlicht
Nur die Lärche schenkt eine gelbliches Licht

Schönheit von einst wird ihnen genommen
Jenes was im frischen satten Grün begonnen
Vergänglich, Sonnenblumen goldenes Licht
Vöglein finden ihre Nahrung, bedanken sich

Sonnenstrahlen sie aalen sich an jedem Blatt
es leuchtet farbenfroh, bis es erscheint matt
Des Windes größtes Herbstliches Vergnügen
mit einem letzten Tanz, jedes wird sich fügen

Mit den Wolken spielt geschwind der Wind
an seine Kräfte er auch zunehmend gewinnt
Zupft sich Blatt für Blatt vom bunten Baum
Ende des Herbstes Goldig glänzendem Traum

© Petra-Josephine

Herbst des Lebens

Im Herbst des Lebens lernten wir uns kennen,

wollten uns nie mehr voneinander trennen.
Intensiv und lebendig war die Zeit mit dir,
jetzt steh ich allein unter deiner Eiche hier.

Der Tanz der Blätter hat begonnen,
sie tanzen im Wind wie Primadonnen.
Auch du warst ein Blatt am Baum,
wolltest nicht loslassen den Lebensraum.

Du hast gekämpft bis zur letzten Minute,
mir war oft zum Weinen zumute.
Du schriebst in deinem Krankheitsverlauf:
An jedem Tag geht die Sonne für uns auf.

Im Herbst des Lebens lernten wir uns kennen,
wollten uns nie mehr voneinander trennen.

© Anneliese Leding

Herbstgold

Golden taucht die Abendsonne

ihre Strahlen in das Meer.
Wolkenschiffe segeln leise,
bringen Sternenschimmer her.

Sanft senkt sich der Abend nieder,
bald schon wird es dunkel sein,
und im silbermatten Schimmer
glänzt das Meer im Sternenschein

© Marlis Daneyko

November

Wenn die Tage kürzer werden

Einer von Zwölfen

Ach ja ich mag dich, bist du oft auch traurig.

So selten streift die Sonne dein Gesicht.
Bist du alleine denn von zwölfen schaurig,
und reichst das Wasser deinen Brüdern nicht?

Trägst du allein die Schuld denn am Vergehen,
zeigst finster nur zum Ende uns den Weg?
Wer mag an dir auch etwas Schönes sehen,
und findet so im feuchten Dunst den Steg?

Reich mir die Hand, ich werde dich begleiten.
Sieh, Kinderaugen leuchten und Laternen
am Himmel um die Wette mit den Sternen.

Du gibst mir Zeit, ganz tief in mich zu gehen.
Durch dich kann ich mein Leben überdenken.
Nur du, November kannst mich so beschenken.

© Greta Hennen

Blättertraum

Der Frühling ist lang schon verronnen,

auch Sommer ist völlig verbraucht,
Der Herbst hat zu Welken begonnen,
die kraftlosen Blätter in Farbe getaucht.

Doch selbst der November kann lächeln,
streut manchmal auch Licht und schenkt Glanz.
Lässt Blätter erst grüßend noch fächeln,
bevor er sie mitnimmt zum Tanz.

Erschöpft fallen sie uns zu Füßen,
sie können nicht mehr zu den Bäumen,
es bleibt nun nichts mehr als zu grüßen,
und von einem kommenden Frühling zu träumen.

© Barbara Kopf

Meine Bank

In ihrem stillen Zauber aufgehoben

war oft zu Gast ich hier.
Fand Worte, zart gefühlt
und mit dem Augenblick verwoben,
sprach Verse leis zu ihr.
Spät im Herbst,
als die Tage kürzer wurden,
November war schon angedacht,
schenkte sie zum Abschied mir
diese späte Blütenpracht.

© Marlis Daneyko

Dezember

Advent/Weihnachten/ Vorfreude

Der vierte Advent

Nun brennt schon die vierte Kerze und in ein paar Tagen ist Weihnachten. Kurt schaut ein wenig traurig auf den schlichten Kranz. Er ist zwar erst 6 Jahre alt, doch er weiß das die Eltern kein Geld haben. Die Mutter hat den Kranz aus Stroh gebunden und ein wenig Tannengrün, dass sie von einer Kiefer beim Nachbarn abgeschnitten hat umwickelt. Das Stroh ist nur spärlich bedeckt und lugt zwischen den Kiefernadeln hervor. Schleifen hat der Kranz auch nicht. Er hat nur die vier Kerzen die mit Nägeln in dem Kranz gehalten werden. Ein paar Kiefernzapfen liegen zur Zierde in der Mitte des Kranzes. Früher waren die Adventskränze immer toll. Kurt kann sich noch gut erinnern. Leuchtend rote dicke Schleifen verzierten jede Kerze, und kleine Engelchen thronten auf dem dichten Tannengrün. Strohsterne hatten sie abends gebastelt und Lieder dazu gesungen ..., bis die Sirenen die weihnachtliche Stimmung zerstörten. Ungläubig schauten sich die Eltern damals an. Der Vater nahm den Jungen auf den Arm und sie rannten los.

Ein Fliegerangriff!

Es ist das Jahr 1943, mitten im zweiten Weltkrieg. Viele Häuser liegen schon in Schutt und Asche. Hoffentlich wird ihr Heim nicht zerstört. Immer

diese Angst nicht mehr nach Hause zu können,
kein Zuhause mehr zu haben. Bei einem der letzten
Flugangriffe passierte es dann. Mitten in der Nacht
musste die kleine Familie erneut um ihr Leben ren-
nen. Viele Menschen trafen sich in dem nahen
Schutzbunker und schickten Stoßgebete in den
Himmel. Stunde um Stunde harrten sie in den un-
terirdischen Räumen aus bis Entwarnung kam. Es
war eine sehr dunkle Nacht. Damit die Bomber ihr
Ziel sahen schmissen vorausfliegende Piloten
Leuchtmittel ab den wie brennenden Christbäumen
aussahen. Es galt alles zu zerstören! Bei einem der
letzten Angriffe der Nacht wurde auch das Haus,
indem die jungen Familie lebte zerbombt. Mit Trä-
nen in den Augen standen die Bewohner davor.
Wo sollten sie nun in der bitterkalten Nacht blei-
ben. Sie hatte nichts mehr, nur noch, dass was sie
am Leib trugen. Der Weg zur Notbaracke fiel ihnen
schwer. Sie ist überfüllt! Hunderte von Menschen
auf kleinstem Raum, Kranke wie auch die Gesun-
den, Epidemien sind vorprogrammiert. Schnell ent-
schlossen sich Vater und Mutter die zerstörte Hei-
mat zu verlassen wo kaum ein Haus noch stand.
Irgendwie bekam es der Papa hin einen kleinen
Handkarren zu bauen und für Frau und Kind das
Nötigste zu erbetteln. So machten sie sich auf den
beschwerlichen Fußmarsch in die neue Heimat.

Wohin? Sie wussten es nicht!

Irgendwann erreichten sie nach tagelanger Reise

ihre neue Heimat. In dem Ort an dem sie strandeten fanden sie das Paradies. Nichts war zerstört worden. Das kleine Dorf liegt ein wenig versteckt zwischen den Bergen. Hier wollten sie bleiben. Herzlichst wurden sie von den Dorfbewohnern aufgenommen, und ein Jeder gab das ab was er entbehren konnte. Doch Arbeit gab es hier für den Familienvater nicht. So blieb ihm nichts Anderes übrig sich als Tagelöhner in der nahegelegenen Stadt zu verdingen. Sie hatten gerade genug um sich über Wasser zu halten.

An das alles muss Kurt denken als er die 4.Kerze brennen sieht und darauf wartet, dass sein Papa endlich von der Arbeitsuche nach Hause kommt. Er ist noch ein kleiner Junge, doch der Krieg hat ihn zu einem kleinen ernsten Erwachsenen gemacht der das Lachen verlernt hat. Trotz des Krieges, der traurigen Erlebnisse und der Armut in der er aufwächst freut er sich auf Weihnachten. Einen Wunschzettel hat er nicht geschrieben und dennoch wird ihm sein sehnlichster Wunsch erfüllt werden. Vielleicht schon zu Weihnachten ..., denn Kurt wird in den nächsten Tagen ein Geschwisterchen bekommen. Sein eigenes Christkind! Er freut sich unsäglich darauf. Das ist nämlich das schönste Geschenk für ihn, endlich ein großer Bruder zu sein. Doch ein zweites „Geschenk" bekommt er dennoch. So wie seine Eltern ihm sagten wirft das Kriegsende seine Schatten voraus. Die Zeit der jahrelangen Angst um Leib und Leben, wie Hab und

Gut wird endlich ein Ende haben, und die Hoffnung auf immerwährenden Frieden wird geschürt.

Weihnachtszauber

Wie sehnt man sich nach dieser Zeit,

wie ist es immer wieder schön,
wenn Kinderaugen, weit und breit,
hell strahlen, wenn sie Lichter sehn.

Die Weihnacht ist's, die uns berührt.
Das Kindlein in dem Stroh,
das uns aus lauter Hast entführt,
macht uns so seltsam froh.

Die Sehnsucht nach der heilen Welt
lässt uns das Wunder glauben
und keiner, was er auch erzählt,
kann uns den Zauber rauben.

© Barbara Kopf

Erfüllung

Lichter, Glitzer, Sterne, Düfte,

ein Accord, der Sehnsucht weckt.
Zarte Engel, Himmelslüfte,
Zauber in der Nacht versteckt.

Kinderaugen, Hoffnungssehnen,
warten auf ein Silberlicht.
Hinter allem Wunder wähnen,
Leuchten, das durch Wolken bricht.

Wünsche, die Erfüllung finden,
Freude, die das Herz erhebt,
Dinge, die von Liebe künden,
Kind, das Weihnachten erlebt.

© Barbara Kopf

Besinnliche Zeit

Advent, welch besinnliche Zeit,

himmlische Ruhe macht sich breit.
Glocken erklingen gar wunderbar,
im Himmel ertönt die Engelsschar.

Lieblicher Klang dringt an mein Ohr,
von Friede singt dort der Engelschor.
Friede den Menschen an jedem Ort,
legt ab eure Waffen, so legt sie fort.

Auf dass ein jeder, ob groß oder klein,
am Weihnachtszauber, sich kann erfreun.
Advent, Advent, welch besinnliche Zeit,
Hoffnung auf Friede und Glückseligkeit.

© Susan Melville

Das Gedicht des Jahres

Die Mitglieder des intern. Literatur u. Künstlerforum Garten der Poesie
www.garten-der-poesie.de
bewerten monatlich die eingereichten Beiträge ihrer Kolleginnen und Kollegen.
Ein Werk wird mit einer besonderen Auszeichnung jede Woche gekennzeichnet, mit der „Perle der Woche". Am Monatsende wählen die Mitglieder die „Perle des Monats" und am Jahresende die „Perle des Jahres."
Das Werk des Jahres 2016 trägt den Titel:
„MEIN BERGSEE" und stammt von HANO

Mein Bergsee

Deiner Sonne golden Strahlen.

Deiner Wellen Widerschein.
Du bist so schön!
Ich könnt dich malen
würde ich ein Maler sein.

Deine tiefen Wasser funkeln
in der Sternennacht so klar.
Du bist so schön!
Ja, selbst im Dunkeln
nehm ich deinen Zauber wahr

Schöpfung du zeigst hehre Reife.
Hohe Schule deines Seins.
Du bist so schön!
Ja, ich begreife
Schöpfung und Natur sind eins.

© Hano

Aufgaben und Ziele für das intern.Literatur-und Künstlerforum Garten der Poesie

Liebe Kunstfreunde!

Sie lieben Konzerte, gute Texte, Malerei und Fotografie? Und sind auf der Suche nach Gleichgesinnten? Dann möchten wir Ihnen unseren "Garten der Poesie" vorstellen. Ein Internet-Forum, das Künstler aus acht Ländern vereint. Ein Forum für Menschen, die kreativ sind und ihre Begabung mit anderen teilen wollen.

Die Geschichte

2006 hatte Bernd Rosarius, der Gründer des Literatur- und Kunstforums, eine Idee: Künstlerisch tätige Menschen sollten sich vernetzen können. Wer im stillen Kämmerlein Gedichte schreibt, auf Reisen Fotos von großer emotionaler Tiefe schießt, oder sich - auf welche Art auch immer - die Welt auf kreative Weise erschließt, muss mit Gleichgesinnten in Kontakt treten können.

Und heutzutage?

Mittlerweile präsentieren 50 Mitglieder aus unterschiedlichen Ländern ihre Werke im Internet. Es ist ein lebendiges Forum entstanden, das zu Gespräch und Austausch einlädt. Freude an künstlerischem Ausdruck verbindet alle unsere Mitglieder über Städte- und Ländergrenzen hinweg. Entgegen den Gesetzen von Wettbewerb und Verdrängung in der gegenwärtigen Berufswelt geht es dem "Garten der Poesie" um Interesse für das, was künstlerische Menschen bewegt. Dabei begegnen wir uns nicht nur im Internet, sondern auch auf Lesungen und bei regelmäßigen Events. "Poesie ist Wahrheit, die in Schönheit wohnt": Dieser Ausspruch des schottischen Dichters Robert Gilfillan ist unser Motto.
Fühlen Sie sich angesprochen? Liegen ungelesene Gedichte und fertige Kurzgeschichten in Ihrer Schublade? Schreiben Sie gerade an einem Internet-Roman oder arbeiten an einem Ölgemälde? Es gibt so viele Möglichkeiten, sich künstlerisch auszudrücken. Doch häufig fehlt es an Zeit, andere kreative Menschen zu finden oder auf entsprechende Veranstaltungen zu gehen. Mit dem "Garten

der Poesie" haben Sie ein Kunstforum gefunden, das alle Begeisterten gleichermaßen willkommnen heißt und jedem die Möglichkeit gibt, an die Öffentlichkeit zu treten. So können Sie jederzeit Ihr Epos bei uns publizieren und ebenso mit anderen Autoren einen Sammelband verfassen.

Gibt es ein Auswahlverfahren?
Nein! Wir freuen uns über jeden Autor und jede Autorin. Egal, ob Sie schon viele Bücher geschrieben haben oder gerade an Ihrem ersten Gedichtband sitzen. Ebenso zählen wir auch Komponisten und Musiker zu unseren Mitgliedern. Die Mitgliedschaft ist übrigens kostenlos - einfach einloggen und loslegen! Wer sich zunächst unverbindlich ein Bild von unseren Aktivitäten machen möchte, ist als Besucher gleichermaßen willkommen. Auf unserer Webseite mit dem Logo einer aufgeblühten Rose verschaffen Sie sich leicht einen Überblick. Klicken Sie sich durch: Lesen Sie veröffentlichte Kurzgeschichten, lassen Sie sich auf eine anregende Fotoreise mitnehmen oder studieren Sie unseren Veranstaltungskalender.
Sie werden überrascht sein, was wir in zehn Jahren an unterschiedlichen Kunstfeldern erschlossen haben. Denn wir sind sicher: Kunst braucht Vernetzung. Gerade in Zeiten der Globalisierung. Im gemeinsamen Nachdenken und künstlerischen Schaffen, in Diskussion und Reflexion bauen wir an dieser Welt mit.
So, wie sich der griechische Philosoph Epikur vor über 2000 Jahren mit seinen Schülern zum philosophischen Diskurs in einem Garten traf, treffen wir uns heutzutage im Internet.
Und ganz aktuell finden Sie uns sogar mit einem eigenen Stand auf der Leipziger Buchmesse 2017!
Wir freuen uns jederzeit über Ihr Interesse: ob persönlich oder im Netz!